ANCIENS RÈGLEMENTS

DE POLICE

DE LA

COMMUNAUTÉ D'ARTIGUELOUVE

— CANTON DE LESCAR —

Renouvelés et confirmés en Assemblée générale le 1ᵉʳ Juillet 1679

EN FRANÇAIS ET EN BÉARNAIS

Par M. l'abbé CANTON

CURÉ DE SIMACOURBE

Extrait des Études Historiques et Religieuses du diocèse de Bayonne

PAU
IMPRIMERIE VIGNANCOUR
H. MAURIN, IMPRIMEUR
—
1898

ANCIENS RÈGLEMENTS

DE POLICE

DE LA

COMMUNAUTÉ D'ARTIGUELOUVE

— CANTON DE LESCAR —

Renouvelés et confirmés en Assemblée générale
le 1er Juillet 1679

EN-FRANÇAIS ET EN BÉARNAIS

Par M. l'abbé CANTON

CURÉ DE SIMACOURBE

—⁓⁓⁓—

Extrait des Études Historiques et Religieuses du diocèse de Bayonne

PAU

IMPRIMERIE VIGNANCOUR

H. MAURIN, IMPRIMEUR

—

1898

ANCIENS RÈGLEMENTS D'ARTIGUELOUVE

A Monsieur le Directeur des Études Historiques et Religieuses.

Monsieur le Directeur,

J'ai l'honneur de vous envoyer ci-joint un document des plus intéressants; il a pour titre : *Règlements de la communauté d'Artiguelouve* (canton de Lescar).

Ces Règlements portent la date du 1er juillet 1679, un passé assez respectable, comme vous voyez; mais leur origine remonte bien plus haut, à une époque qu'il est impossible d'assigner. Ils furent seulement renouvelés et confirmés dans l'assemblée générale de la communauté tenue à la date susdite. L'original, écrit en béarnais, n'existe plus, du moins dans les archives d'Artiguelouve; mais il en reste une copie dûment collationnée et authentique, découverte par hasard, il y a 16 ou 18 ans, dans une ancienne famille de la paroisse (la famille Lacoste, du hameau), dont quelques membres avaient rempli autrefois les fonctions de jurat.

C'est cette copie, en date du 12 mai 1739, que je suis heureux de mettre à votre disposition. Après l'avoir lue, vous jugerez s'il ne serait pas utile de la reproduire dans votre Revue; elle intéressera, j'en suis persuadé, vos lecteurs. Vivante image d'un passé déjà lointain, elle nous donne un portrait abrégé des mœurs, des traditions, des usages et coutumes de nos pères, dans les règles qu'ils s'imposaient eux-mêmes pour le bon ordre et le bon gouvernement de leur communauté.

Il est d'usage, de vanter beaucoup les progrès modernes, et de les attribuer presque exclusivement à la Révolution du siècle dernier : à tout propos aussi on rappelle les fameux mots de *Liberté, égalité, fraternité;* ces mots sont incrits au frontispice de nos lois et de nos monuments publics, comme une sorte d'ironie qui contraste singulièrement avec ce qui se passe depuis longtemps chez nous. En lisant le document ci-joint, on sera forcé d'avouer que nos pères du xviie siècle et d'avant n'ignoraient pas ces principes; ils avaient mieux que la connaissance de ces principes, ils en avaient la pratique. Quelle différence des libertés locales dont ils jouissaient — je parle au point de vue administratif — d'avec le régime tracassier et policier sous lequel nous avons vécu depuis 1800 ? Quelle différence, en particulier, de ces décisions promptes et nettes, rendues par les jurats et députés, ou par les assemblées générales de la communauté, d'avec ces longues et innombrables formalités de la bureaucratie préfectorale ou ministérielle actuelle, auxquelles sont assujetties les communes ? Que sont aujourd'hui les mairies ? de simples sous-bureaux de préfecture : pas un sou de recette ni de dépense ne peut être voté, pas une paille ne peut être levée, sans l'autorisation de M. le Préfet et l'emploi de paperasses sans fin.

Ce n'est ni l'économie ni la liberté qui ont gagné quelque chose dans notre système de centralisation à outrance. Nos pères, sous ce rapport, avaient infiniment plus de libertés que nous ; sur quantité de points, ils pouvaient s'administrer eux-mêmes, et nous allons voir, par le seul exemple d'une communauté, qui devait être certainement imité par beaucoup d'autres, avec quelle sagesse et quelle fermeté ils savaient le faire.

D'autres documents de l'époque nous montrent aussi à quel contrôle sérieux était soumises soit la perception, soit l'administration des deniers publics, confiés à ceux qu'on appelait alors la *garde* ou les *gardes* de la communauté. L'emploi de ces deniers était réglé d'avance par les jurats, les députés et le seigneur du lieu, lesquels, parfois avec le curé lui-même, constituaient l'autorité locale.

Cette autorité n'était pas purement administrative ; elle était aussi judiciaire. L'un des règlements d'Artiguelouve porte en effet que les différends qui pourraient surgir entre les habitants, devaient être soumis premièrement au seigneur ou au curé et tranchés par eux sans appel, avec peine d'amende contre les récalcitrants. Cette mesure n'était-elle pas infiniment sage ? que de procès ruineux on a pu éviter de la sorte ! que de procès semblables, entrepris par caprice ou pour des futilités, n'éviterait-on pas de même aujourd'hui !

Une autre chose à signaler : c'est le profond sentiment de justice, de moralité et de religion qui caractérisait nos pères comme il apparaît des articles 4, 5, 11, 12, 14, 27 et 31 des règlements susdits. D'autres articles (1, 2, 3, 15, 16, 20 et 37) concernent la police des assemblées et l'obéissance due à l'autorité ou à ses mandataires.

Nos hautes assemblées politiques n'ont rien inventé de mieux en ce genre ; elles pourraient même, vu les spectacles honteux qu'elles nous donnent parfois, y trouver plus d'un exemple de dignité personnelle et de respect mutuel à suivre.

Terminons nos observations ; aussi bien vos lecteurs sauront apprécier par eux-mêmes les hautes leçons qui se dégagent de ces règlements. Afin de leur en faciliter la lecture, j'y joins la traduction française. Ceux qui ne connaissent pas suffisamment notre idiome seront ainsi satisfaits, non moins que les amateurs de la langue *deü nouste Henric*.

J.-A. C.

Anciennes règles et poulicis de la communaütat d'Arti-
gualouve, qui soun estades renoubelades et counfir-
mades en assemblade générale, lou 1er de juillet 1679.

AÜ NOM DE DIÜ,

L'an mille siex cens septente naü et lou permer de Jullet, aü
locq d'Artigalouve et maysou coumune; aü man et assignation
de Henricq de Minbielle et Arnaüd de Castagnous, gouardes, soun
estats assemblats et convouquats lous manants et habitants deudit
locq, per deban lousquoals es estat proupousat per lous sieurs
Laurens de Barrailh, Pierre de Salaberthe, Jean de Faubeau et
Bernad de Candaü, jurats : coum despux tout temps lous habitants
et manants deüdit locq abèn acoustumat observar las règles et
poulicis, qui per la pratique èren estades métudes en coustume,
coum at abèn praticat lous prédécesseurs qui las abèn establides
per lou proufieyt et abantadge d'eü coumun; et particulièrement
ço qui ère estat praticat entro pot haber cinq ans ou environ, que
quaüques habitants, terre-tenents qui s'estant renduts mestes de
certennes maysous, foundades et situades audit locq, adaquères
(règles et poulicis) se séren bouluts opposar et countrébénèr, ço
qui auré caüzat un gran désourdi et désabantage à la dite Communaütat, qui nou désire que se mantienuer dens les règles et
coustumes deüs sous prédécessours . Et afin d'esbitar lous dangès
qui y poudéren arrivar per la maüvèse humour deusdit estrangers
et terre-ténents, et lous incidens qui pouyren fourmar, an désirat
ladite Communaütat, res y ajustar ni diminuar, et aü cas at hassen,
sera exprimit per lous artigles ci-dejus escriüts, establits et réglats
per lou proufieyt et abantadge de ladite Communaütat, qui soun
coum s'en secq :

ART. 1er. — Per lous susdits manants et habitants cy-dessus
rubriquats es estat counbiengut et délibérat, seguien l'ancienne
coustume, que lous sieurs Jurats faran convouquar l'assemblade,
sie en la maysoun coumune ou en la gleyse, lous jours qui troubaran expédien; à laquoalle (assemblade) chaque habitant de
quine vacation que sie, sera obligat s'y trouvar, à pène de doutze
ardits qui encourréran lous défaillants, à menx d'excuse légitime
qui sie rappourtade aux sieurs Jurats aban que lous ahas nou sien
proupoüsats; per lou pagament de laquoalle pène sera constret
per la gouarde per pugnère, applicade à la boulentad deüs habitants

Anciens règlements de police de la communauté d'Artiguelouve (CANTON DE LESCAR) renouvelés et confirmés en Assemblee générale, le 1er juillet 1679.

AU NOM DE DIEU,

L'an mil six cent soixante-dix-neuf et le 1er juillet, au lieu et maison commune d'Artiguelouve, sur l'ordre et assignation de Henri Minvielle et Arnaud Cartagnous, gardes, ont été convoqués et assemblés les manants et habitants dudit lieu.

En leur présence, il a été exposé par les sieurs Laurent Barrailh, Pierre Salaberthe, Jean Faubeau et Bernard Candau, jurats : que, de tout temps, les habitants et manants dudit lieu avaient accoutumé d'observer les règles de police, qui, par la pratique, étaient passées en usage, ainsi que l'avaient fait leurs pédécesseurs qui les avaient établies pour le profit et avantage communs; en particulier ce qui avait été pratiqué, jusqu'à environ cinq ans, époque à laquelle quelques habitants, bien-tenants, devenus maîtres de certaines maisons, bâties et situées au ditlieu, ont voulu s'opposer et contrevenir aux dites règles, ce qui aurait été la cause d'un grand désordre et d'un grand détriment pour la communauté.

Celle-ci, au contraire, n'a pas de plus grand désir que de se maintenir dans les règles et coutumes de ses prédécesseurs. Et afin d'éviter les dangers qui pourraient survenir de la mauvaise humeur de ces étrangers et bien-tenants, et de prévenir les difficultés qu'ils pourraient soulever, la Communauté a émis le vœu de ne rien ajouter à ces règles et de n'en rien retrancher; et dans le cas où elle le fera, cela sera exprimé dans les articles ci-dessous, établis et réglés, comme il a été dit pour le profit et avantage de la Communauté. Ces articles sont les suivants :

ART. 1er. — Par les susdits manants et habitants ci-dessus désignés, il a été convenu et délibéré, selon la coutume : que les sieurs Jurats feront convoquer l'assemblée, soit en la maison commune, soit en l'église dudit lieu, les jours qu'ils jugeront expédient. Chaque habitant (1), quelle que soit sa profession, sera obligé de s'y rendre, sous peine de douze liards d'amende (2) qu'encourront les manquants, à moins d'excuse légitime, qui devra être présentée aux sieurs Jurats, avant que les affaires ne soient proposées. Le garde pourra contraindre par pignoration (3) au paie-

(1) Par chaque habitant, il faut entendre ici, chaque chef de maison ou de famille
(2) Trois sous environ.
(3) Sorte de saisie-gagerie, sujette à reprise moyennant le paiement des amendes encourues et autres frais.

qui séran assistents à ladite assemblade ; et quoan l'assemblade séra mandade per lou bayle deü seignour et à sa réquisitiou, encourréran chacun habitant la ley qui es cinq sols tournés, applicade coum dessus, et aquère sera crubade per lou bayle : de lasqualles countumacis sera feyt rolle et aquet signat per un Jurat. De plus, ès défendut à aucun habitant de réquérir las assemblades, siens l'advis deus sieurs jurats et députats ou un de lour, à péne de dus francs, applicadours aus praübes deu locq et à la liquidatiou deus ahas coumuns et constrets aü pagamen per la gouarde coum dessus.

ART. 2. — Item, après que lous ahas séran estats proupoüsats per lous sieurs jurats, chascun y pouyra baillar soun sentiment, et aquo feyt, si lour es mandat per la gouarde de far silenci, lousdits habitants séran obligats crede lou coumandement de la gouarde, et aü cas n'at bouillen far, séran punits à counéchense deus sieurs jurats et députats, et la ley applicadoure à la bourse de la gouarde, et constrets per pugnére.

ART. 3. — Item, aü cas, (sus lous ahas qui séran proupoüsats), touts nou pousquen demoura d'accord per délibérar, es estat restat de passar et séparar las boutz, et estar exécutat so qui sera restat per lous qui séran plus en noumbre. Et per saber la pluralitat de las boutz, lousdits habitants se rangéran, au cas lou sie mandat per lous sieurs jurats, à péne aus rebelles de doutze ardits, applicadours à la bourse de la gouarde, et coustrets per pugnére, ni aussi sus pareille péne aucun habitant nou sourtiran de lasditcs assemblades, abans que lous ahas nou sien finits, à menx nou aboussen permissiou deüs sieurs jurats.

ART. 4. — Item, sur lous larcins qui se fèn souben sus locq, aü cas oùn persoune en sie coubencut, mascle ou femelle, séran punits séguien que la caüse séra grane ou petite, ainsi que sera judgeat per la Communaütat, et après que tal roübatory séra justificat per probe légitime. Au cas nous se poudéré proubar, lousdits habitants (suspects), aü cas sien assignats per la gouarde, séran obligats comparir per daban lous sieurs jurats per se beder defférar à serment las causes doun lour pouyran estar accusats. Et lous pays et mays respounéran de lours enfants après qui ayen attengut l'adge de rasou, aü cas en y abousse aucun de coumbencut ; et la ley à laquoalle séran condamnats per lous sieurs jurats et Communaütat séra applicade à la bourse de la gouarde et aux praübes bergou-

ment de cette amende, dont l'emploi sera déterminé au gré de ceux
qui assisteront à l'assemblée.

Lorsque l'assemblée sera convoquée par le bayle du seigneur et
à la réquisition de celui-ci, chaque habitant qui fera défaut
encourra la peine de la *loi,* qui est de cinq sols tournois, applicables
comme ci-dessus, et cette amende sera recouvrée par le bayle : de
toutes ces amendes, il sera fait un rôle qui sera signé par un jurat.
De plus, il est défendu à tout habitant de requérir les assemblées
sans l'avis des sieurs jurats et députés ou de l'un d'eux, sous peine
de deux francs d'amende, applicables aux pauvres du lieu et à la
liquidation des affaires de la communauté. La garde aura le droit
de contraindre au paiement comme ci-dessus.

ART. 2. — *Item.* Après que les affaires auront été proposées
par les sieurs Jurats, chacun y pourra donner son avis, et si. cela
fait, il leur est ordonné par la garde de se taire, les habitants seront
obligés d'obéir à ce commandement; s'ils s'y refusent, ils seront
punis selon l'appréciation des sieurs Jurats et députés, et l'amende
sera versée dans la bourse de la garde, avec contrainte au besoin
par pignoration.

ART. 3. — *Item.* Lorsque, sur les affaires qui seront proposées, les délibérants ne pourront tomber d'accord, il a été arrêté
d'aller aux voix et de compter les suffrages, puis d'exécuter ce qui
aura été décidé par le plus grand nombre. Et afin de savoir où est
la majorité, les dits habitants se formeront en groupes selon leur
opinion, si l'ordre leur en est donné par les sieurs Jurats, sous
peine pour les contrevenants de douze liards d'amende, applicables
à la bourse de la garde avec contrainte par saisie. Sous pareille
peine, il est défendu à tout habitant de sortir desdites assemblées
avant que les affaires ne soient terminées, à moins qu'ils n'en
aient permission des sieurs Jurats.

ART. 4. — *Item.* Au sujet des larcins qui se font souvent sur
le lieu, si quelqu'un, homme ou femme, vient à en être convaincu, il sera puni selon que la chose sera grave ou légère, ainsi
que l'aura jugé la Communauté, après que le vol aura été certifié
par preuve légitime.

Si la preuve certaine de ce vol ne peut être faite, les habitants qui
seraient soupçonnés de l'avoir commis, seront obligés, s'ils en sont
assignés par la garde, de comparaître par devant les sieurs Jurats
pour s'entendre déférer le serment sur les choses dont ils seraient
accusés.

Les pères et mères répondront de leurs enfants depuis qu'ils
auront atteint l'âge de raison, s'il arrivait que quelqu'un d'eux fut

gnous, et constrets au pagament per pugnere. En outre, lous
counbencuts restituaran à partide plagnente la cause derraübade.
senx prejudici ta la gent deu rey de lours intérêts et y prender
lours conclusions. Bien entenut que entre lours manants et habitants es estat counbiengut que lous pays et mays nou respounéran
de lours enfants que entre la somme de quoatte francs (et so, entro
aüran attengut l'adge de vingt ans) deus raübatorys et larcins que
lour aüran feyts dens lou temps qui démouraran en lour compagnie soulaments.

Art. 5. — Item, aü cas que aucun habitant récébie dommadge
ab lou bestiar de aucun aütre habitant en lous prats oun se daille
hé, cams oun se fè granatge ou bignes : lous qui récébéran tal
dommadge séran obligats, aü cas lou bouillen pagat, de lour far
estimar per lous estimadours deu coumun, partide d'aquets apérats ;
et aü cas y aye plousiours habitants qui ayen participat aud.
dommadge, contribuaran a pagar aquet ab lou qui sera prés per
talan (1) ; et chaque nature de bestiar sera présc par un talan, et
loudit dommadge sera régalat ainsi qu'es de coustume ; et aquet
sera demandat per lou qui l'abéra récébut : lou graà gros et hées,
à la heste de St-Miqueü de Septembre ; et lou milh et millocq et
dommatge de bigne lou jour de St-Martin de novembre, passat lous
quoals jours, lou qui aura récébut lou dommatge nou pouyra rés
demandar et la demande d'aquet sera proscriüte séguien la coustume.

Art. 6. — Item, chaque habitant sera obligat réparar las passades, chacun duran sa terre, curar lous barats, retirar lous pleix,
afin de pouder passar per aquets comodaments ab cars, à pè ou à
chibaü, boueyts ou carquats, coupar même lous arbes qui an pente
sus aquets : Et talles réparations chaque habitant fara dens lou

(1) Le mot *talan* est depuis longtemps tombé en désuétude ; le dic-
tionnaire béarnais de M. Lespy ne le mentionne pas ; on n'y trouve
que le verbe *talar* qui signifie punir, ou frapper quelqu'un d'amende.
De cette signification comme du contexte ci-dessus, nous interprétons
comme il suit les dispositions du présent article : Lorsqu'un dommage
avait été fait par des bestiaux, les experts, après l'estimation générale,
fixaient tant par tête de bétail l'indemnité à payer, mais selon une
taxe particulière pour chaque espèce de bétail, tant par vache, par
exemple, tant par chèvre ou brebis, etc ; puis ils condamnaient pour
le tout l'un seulement des propriétaires responsables, lequel devenait
ainsi l'unique débiteur commun vis-vis de l'endommagé ; mais après
que cependant l'indemnité à payer avait été répartie entre tous, au
prorata du dommage causé par leurs bestiaux, ce qui permettait a
leur caution d'avoir recours contre eux. — Voilà, ce nous semble, la
meilleure manière d'entendre cet article. Ce genre de procédure sim-
plifiait beaucoup les difficultés, surtout au regard de l'endommagé.

convaincu de vol ; la *loi* (l'amende) à laquelle seront condamnés par les sieurs Jurats tous les auteurs de ces larcins, sera appliquée à la bourse de la garde et aux pauvres honteux, avec contrainte au paiement par pignoration.

En outre, ceux qui auront été convaincus de ces vols, restitueront les choses dérobées à la partie plaignante, sans préjudice pour les gens du Roy de réclamer leurs droits et de prendre leurs conclusions. Mais il reste bien entendu et convenu entre les manants et habitants que les pères et mères ne répondront de leurs enfants que jusqu'à concurrence de la somme de quatre francs (et ce, jusqu'à ce qu'ils aient atteint l'âge de vingt ans) pour les vols et larcins qu'ils auraient commis pendant le temps seulement qu'ils seront restés dans leur compagnie.

Art. 5. — *Item.* Lorsqu'un habitant aura reçu quelque dommage du bétail d'un autre habitant, dans les prés où l'on fauche les foins, dans les champs où l'on fait du grain, ou dans les vignes : Ceux qui auront subi ce dommage seront obligés, s'ils veulent en être payés, de le faire estimer par les experts de la Communauté, en requérant une partie d'entre eux ; et s'il y a plusieurs habitants qui aient participé, par leur bétail à ce dommage, ils contribueront à le payer avec celui qui sera pris pour débiteur commun ; de même, chaque espèce de bétail sera taxée sur un prix commun, l'indemnité du dommage répartie ainsi qu'il est de coutume , puis réclamée par le propriétaire endommagé à savoir : le gros grain et les foins, à la fête de St-Michel de septembre : le maïs et les dommages de vigne, le jour de St-Martin de Novembre, passé lesquels celui qui aura reçu le dommage ne pourra rien réclamer, où, en tout cas, sa demande sera prescrite selon la coutume.

Art. 6. — *Item.* Chaque habitant (1) sera obligé de réparer les petits chemins sur l'étendue de ses terres, de curer les fossés, de reculer les haies, afin qu'on puisse y passer commodément à pied ou à cheval, avec des chars vides ou chargés ; il sera tenu de même de couper les arbres qui penchent sur ces chemins ; et ces réparations, chaque habitant les fera dans le délai qui lui sera fixé par les sieurs jurats, sous peine de quatre francs d'amende applicables à la bourse de la garde.

Que si, le délai expiré, on n'a pas satisfait à son devoir, la garde prendra sur le lieu les ouvriers et les charretiers nécessaires pour faire ces réparations aux dépens du défaillant et récalcitrant. Et il a été arrêté que chaque journalier qui s'occupera à ce travail

(1) Même observation que ci-dessus, article 1er.

délay qui lour séra baillat per lous sieurs Jurats, à péne de quoatte
francs, applicadours a la bourse de la gouarde; et lou délay expi-
rat, faüte de nou aber satisfeyt, la gouarde prénéra sus lou loc
oubrès et carratès nécessaris per far talles réparations aux despens
deüs défaillants et rebelles; et és estat restat que chaque journalè
qui s'oücupara à tal tribailh, gagnara vingt et quoate ardits, et
chaque carretè ab lou car ou toumbaroü, un francq, et lou tout
séra pagat per lou défaillant rebelle outre la ley, et constret per
pugnère coum dessus : lasquoalles réparations lous dits habitants
seran obligats far sus las passades en lasquoalles la Communoutat
nou a accoustumat far bésiaü, et curaran aussy lous barats ou
rémétéran aquets per lousquoals y a descente d'aygue coumune,
séguien l'ancienne coustume, coum aussy, aü cas lous habitants
qui sien mandats à far lasd. réparatious aü pé deu salary ci-dessus
taxat, s'y réfusien, encouréran pareille péne et ley que lous qui
aüran refusat acoumoudar lousd. camys durant lours terres. Et aü
cas s'y trobie quaüque habitant qui nou sie pas en estat de far lasdites réparatious à caüse de sa misèri ou de soun infirmitat, en
aquet cas, sus la permère sommatiou qui loü sera feyte per la
gouarde de far lasd. réparatious nécessaris per acoumoudar lous
camis en soun founds, sera tiengut de se présenter per daban lous
sieurs Jurats et députats per aber esgard à sa misèri.

ART. 7. — Item. Séguien la coustume, lous baquès, crabès y
pourquès qui séran récébuts en lou présent locq, rendéran, chaque
ser, en temps d'hiber : lou baquè, las baques aü goua de las baquères las de baix, et las de haüt, à la crouts de Haget; et lou
pourquè, en tout temps, lous porcs de baix aud. goua de las baquères, et lous de haüt, à la crouts de Haget; et lou crabè, las
crabes de baix, à la crouts de dabant Pèhaü, et las de haüt à la
crouts de Haget, à péne d'estar punit à la counéchense de la Communaütat. Et aü cas se pergousse nade besty ou nou se retirasse,
chaque habitant séra obligat, chaque ser, de anar réquérir lou
pastour de cerquar aquère, et aü cas aco nou se fassé, lou pastour
aü cas de menx cap ou perte de la dite besty, nou en sera en rés;
et au cas ne sie abertit lou ser, et la besty se fousse mourte ou
pergude per soun défaüt, sera obligat loud. pastour pagar aquere
a counechense deus estimadours qui séran chaüsits per lous sieurs
Jurats. Et lou baquè sera obligat far anar l'arramat per toutes las
terres en lasquoalles lad Communaütat a drét de pècher, et notam-

gagnera vingt-quatre liards, et chaque charretier avec son char ou tombereau, un franc; et le tout sera payé par le propriétaire en défaut, outre l'amende légale (cinq sols tournois), avec contrainte par pignoration.

Les habitants seront obligés de faire les réparations susdites sur les chemins où la Communauté n'a pas coutume de faire des prestations communes; ils auront soin aussi de curer les fossés ou de les remettre en état, partout où il se fait une descente d'eau commune selon l'ancienne coutume. De même, les habitants qui seront mandés pour faire les dites réparations au pied de salaire ci-dessus fixé, et qui refuseront de les faire, encourront la même peine et la même *loi* (amende) que ceux qui auraient refusé de réparer lesdits chemins le long de leurs terres. Que s'il se trouve quelque habitant qui ne soit pas en état de faire ces réparations à raison de sa misère ou de ses infirmités, dans ce cas, à la première sommation qui lui sera faite par la garde de faire lesdites réparations pour mettre en bon état les chemins sur son fonds, il sera tenu de se présenter devant les sieurs Jurats et députés, afin qu'ils aient égard à sa misère.

ART. 7. — *Item.* Selon la coutume, les vachers, chevriers et porchers qui seront reçus dans le présent lieu, rendront, chaque soir, en temps d'hiver : le vacher, les vaches d'en bas (de la plaine) au gué de las Baquères, et celles d'en haut (du hameau), à la croix de Haget : le porcher, en tout temps, rendra les porcs d'en bas au gué de las Baquères, et ceux d'en haut, à la croix de Haget; et le chevrier, les chèvres d'en bas, à la croix de devant Pèhaü, et celles d'en haut, à la croix de Haget, sous peine d'être punis selon l'appréciation de la Communauté. Que si quelque bête vient à se perdre ou à ne point se retirer, son propriétaire sera tenu, chaque soir, de requérir le pasteur d'aller la chercher, faute de quoi, le pasteur ne sera point responsable de l'absence ou de la perte de ladite bête. Si le pasteur a été averti le soir, et que la bête soit morte ou perdue par sa faute, il sera obligé de la payer selon l'appréciation des experts qui seront choisis par les sieurs Jurats.

Et le vacher sera obligé de faire aller son troupeau par toutes les terres sur lesquelles la Communauté a le droit de pacage, notamment à la Lanusse (lande) qui est au-dessus du village de Poey, sous peine de deux francs d'amende, si, par quelque considération que ce soit, ledit vacher s'empêchait d'entrer en quelque

ment à]la Lanusse de dessus lou bilatyé de Poey, à péne de deux francs, au cas loud. baquè s'empéchasse, per aucune counsidératiou d'entrar en quaüque terre ; applicadours à la bourse de la gouarde, et constrets per pugnére.

Art. 8. — Item, après que lou baquè aura affermat lou taürou, chaque habitant séra obligat anar far taürir las baques aü taürou per luy affermat, et aü cas nou at fassen, lou baquè se fara pagar la taüride, bien que lous habitants sien anats aillours. Et lousd. habitants pouyran obligar loud. baquè a lous séguir et lous indiquar lou taürou qui per luy séra affermat ; per rasou de lasquoalles taürides et per chascune d'aquéres, luy retirara l'empliadure d'un cester de milh, et de la gouarde de chaque besty grosse, per la gouarde de tout l'an, un cester arras de milh. Et lou pourquè, per chaque porc, un cester arras de milh ; et lou crabè, per chaque crabe, un bouchèt de milh. Es restat que dens lou tempsque lou baquè sera aü Pont-Long, lousd. habitants se pouyran chaüsir un taürou ; aü cas se troubasse per hasard quaüque pastour qui boulousse prender lad. coumissiou à un prèts plus baix et plus commode, lad. Communaütat se réserbe de aquet pouder acceptar.

Art. 9. — Item : Au cas y aye aucun habitant fasse aucun trouble ni empêche loud. baquè en la péchense de las terres oun l'arramat a accoustumat d'anar pèche, principalaments en las terres d'aquets qui nou paguen taille, loudit baquè y pouyra méter l'arramat après lou permer frut coueillut, et lou qui empéchéra loud. baquè d'ey méter l'arramat en lasd. terres, ne encouréra la péne de quoatte francs, applicadours à la bourse de la gouarde, et constrets per pugnère.

Art. 10. — Item : Chaque habitant sera obligat, séguien sa vacation, d'assistar à toutes manobres sus lous camis publicqs et à tribailhar à la gleyse, quoan ne sien réquérits, per lous jurats, et lou sieur curè à l'égard de la gleyse ; et à faüte de se troubar sus lous locqs indiquats per lousd. sieurs jurats, à l'hore qui lour sera indiquade, lous laüradous ne encourréran la péne de bingt et quoatte ardits, et lous brassiers, de doutze. En chaque vicq y abéra un mande-oubrè, et aü cas y aye aucun habitant nou bouille créde soun commandament, lou rébelle séra punit à counéchense de toute la Communaütat, et lou tout applicad à la bourse de la gouarde et constréts coum dessus : Et a l'égard deü aütes qui tribailharan a la gleyse, la susdite péne séra applicade à lad. gleyse, et l'aryent rémés au margullier et crubat per lou médix.

terre, les deux francs applicables à la bourse de la garde avec contrainte par saisie.

ART. 8. — *Item*. Après que le vacher aura affermé le taureau, chaque habitant sera obligé de faire saillir ses vaches au taureau par lui affermé; s'ils ne le font pas, le vacher se fera payer la saillie, bien que les habitants aient été ailleurs. Lesdits habitants pourront obliger le vacher à les suivre pour leur indiquer le taureau par lui affermé.

Pour ces saillies et pour chacune d'elles, le vacher retirera un sétier plein de mil ; et pour la garde de chaque grosse bête, pendant toute l'année, pareillement un sétier plein de mil; le porcher, pour chaque porc, un sétier plein de mil ; et le chevrier, pour chaque chèvre, un boisseau de mil. Il est arrêté que pendant le temps que le vacher sera au Pont-Long, les habitants pourront se choisir un autre taureau ; si par cas il se trouvait quelque pasteur qui voulut se charger des saillies, à un prix plus bas et plus commode, la Communauté se réserve le droit de l'accepter.

ART. 9. — *Item*. S'il arrive que quelque habitant essaie de de troubler ou d'empêcher ledit vacher dans la paissance des terres où le troupeau est accoutumé d'aller paître, principalement sur les terres de ceux qui ne paient point de taille, le vacher pourra néanmoins y mettre son troupeau après le premier fruit cueilli, et celui qui empêchera le vacher de mettre son troupeau sur lesdites terres, encourra la peine de quatre francs d'amende, applicables à la bourse de la garde, avec contrainte par saisie.

ART. 10. — *Item*. Chaque habitant sera obligé, selon son état, de prendre part à toutes les prestations qui se feront sur les chemins publics, et de travailler à l'église, quand ils en seront requis par les sieurs jurats, ou par le sieur curé à l'égard de l'église; et faute par eux de se trouver aux lieux indiqués par les sieurs jurats à l'heure qui leur sera marquée, les laboureurs encourront la peine de vingt-quatre liards, et les brassiers de douze. Dans chaque quartier, il y aura un mande-ouvrier, et s'il y avait quelque habitant qui ne voulut point obéir à son commandement, il sera puni selon l'appréciation de toute la communauté; et le tout appliqué à la bourse de la garde, avec contrainte comme ci-dessus. L'amende encourue par ceux qui doivent travailler à l'église sera appliquée à l'église elle-même, et l'argent remis au marguiller qui en fera lui-même le recouvrement.

ART. 11. — Item. Chaque habitant lou plus capable séra obligat d'assistar à las haünous funèbres, chacun en son vicq, à péne de doutze ardits de ley à chacun deus déffaillants, applicadours à la boulentat deus qui se troubaran présents à lhebar lou corps. Et se abertiran dé bésy à bésy per anar à ladite sépulture, et après aquère feyte, séguiran lous affligeats en lour maysou, à mench que la rigou deu temps ou la distance deus locqs nou lous en dispense. Et nou prénéran aucun repas ni collation en la maysou de l'affligat ; més prénéran conget de aquet, saüf lous parents, au cas ne sien sollicitats per lous affligats.

Abém establit la présente coustume à las sollicitatious qui son estades feytes per Moussu Fouron, curé, per empéchar lous scandalles et lous excès qui se fan ourdinariments en lasd. sépultures; laquoalle (coustume) lous dits habitants, d'un mutuel accord, an aquére délibérat observar comme dessus ; et pareille règle tiénéran lous jours de lahoucq, settein et bout d'an. Et aü cas y abousse aucun habitant qui countrebiengousse en arré d'eu present artigle, lous sieurs jurats prégaran aü sieur curé de bouler corrigir tals contrébénents, et lous far counecher la nécessitat de l'observatiou de talle règle. Et lousd. habitants se son sousmettuts, tant per lour que per lours hers, à séguir et pratiquar las caüses en lou présent artigle décises, coum estent rémourmade la coustume per lou proufieyt et abantadge de touts ; même consentin que, si es expédient, lousd. sieur curé et jurats pousquien y impaüsar ley au pè qui judgearan rasounable, per la far pagar au contrébénent.

ART. 12. — Item ; es estat délibérat que, aü cas aucun habitant débite paà et bin, et souffresque aucun jocq ni desbaüche, et y aye aucun habitant qui blasphèmie lou noum de Diü, tant lou tuberné que jougadours et blasphèmadours deu noum de Diü, chacun encourréra la ley d'une liüre mourlanne, despuch lou soureil couchat; et aü cas y aye, aussy aucun habitant s'arreste à la taberne ou aütes maysous oün se débite bin, durant lous saints oüfficis, messes ou brespes, en encourreran pareille péne : chacun pagara une liüre mourlanne applicadoure à la gleyse deu présent locq, et constréts aü pagament per pugnère per lou margullier; et au cas s'en y trobie de contrébénents en segonde bégade séran perséguits per lous sieurs curè et jurats, auqual margullier baillon pouder de anar peignera en lou cas susdit.

AAT. 13. — Item. Es deffendut à aucun habitant de far paschère

ART. 11. — *Item*. Chaque habitant, le plus capable, sera obligé
d'assister aux funérailles des autres habitants, chacun dans son
quartier, sous peine de douze liards d'amende pour chaque manquant, applicables au gré de ceux qui se trouveront présents à la
levée du corps. Quand il y aura un enterrement, ils se donneront
avis de voisin à voisin pour y assister, et quand il sera fait, ils
accompagneront les affligés jusque dans leur maison, à moins que
la rigueur du temps ou la distance des lieux ne les en dispense.
Ils ne prendront aucun repas ni collation dans la maison de l'affligé,
mais prendront congé de lui, à l'exception des parents, s'ils en sont
priés par les affligés.

La présente coutume a été établie sur la demande de Monsieur
de Fouron, curé du lieu, afin d'empêcher les scandales et les excès
qui se commettent ordinairement à l'occasion desdites sépultures.
Cette coutume, les habitants, d'un commun accord, ont délibéré
de l'observer, comme elle est marquée ci-dessus, et ils tiendront
pareille règle, les jours de 3e, 7e et bout d'an.

S'il y a quelque habitant qui contrevienne en quelque chose au
présent article, les sieurs jurats prieront M. le curé de le corriger,
et de lui faire comprendre la nécessité de l'observation d'une telle
règle. Et lesdits habitants se sont engagés, tant pour eux que pour
leurs héritiers, à suivre et à pratiquer les choses décidées, dans le
présent article, attendu que, comme il a été dit, cette coutume est
établie pour le profit et avantage de tous; ils consentent même
que, s'il est expédient, les sieurs Curé et Jurats puissent y im-
poser une amende sur le pied qu'ils jugeront raisonnable, pour la
faire payer par les contrevenants.

ART. 12. — *Item*. Il a été délibéré que, si quelque habitant débite
du pain et du vin et qu'il permette dans sa maison quelque jeu ou
débauche, ou que quelque habitant y blasphème le saint nom de
Dieu, tant le tavernier que les joueurs et blasphémateurs du nom
de Dieu, encourront l'amende d'une livre morlanne depuis le cou-
cher du soleil; et dans le cas aussi où quelque habitant s'arrête-
rait à la taverne ou autres maisons où l'on débite du vin, pendant
les saints offices, messes ou vêpres, il encourra semblable peine;
chacun payera une livre morlane applicable à l'église du présent
lieu, avec contrainte au paiement par saisie par le marguillier.

S'il s'en trouve qui contreviennent pour la seconde fois au présent article, ils seront poursuivis par les sieurs curé et jurats,

sus lou fluby deu Gabc ni membres dépendentes d'aquet, à péne
de quoatte francs, saüf que talles pachères nou se fassen per des-
tournar lou Gabe deu coustat de delà ; en tal cas, lous séra perme-
tut, à counditiou que lour nou desmouliran lasdites pachères, sus
péne de quoatte francs au cas at fassen, applicadours à la bourse
de la gouarde, et coustréts per peignére au pagament.

ART. 14. — Item. Es deffendut à aucun habitant de loutgear
aucune p... ni layrou aü dela d'ue noeyt, à péne de quoatte francs
chaque noeyt, applicadours à la bourse de la gouarde et constrets
per peignére.

ART. 15. — Item. Au cas aücun habitant refusy lou coumandement de la gouarde, sera punit à counéchense de la communaütat.

ART. 16. — Item. Touts habitants seran obligats servir à las
cargues coumunes, qnoan seran eslégits per lous sieurs jurats, à
péne de deux francs, et d'estar punits, seguien que mérity lour
rebelliou, et respouner pagar et réparar tous despens, doumatyes
et intérêts que la Communaütat abera recebuts à caüse de tal
rébelliou et refus, applicadours lou tout à la bourse de la gouarde
et éontrets au pagament per peignère.

ART. 17. — Item. Es deffendut à aücun habitant de coupar en
lous herms communs aücun cassou, castaing, taüzy, nouguè ni
haü, en pè ni en branques, à péne de quoatte francs per caüs,
doutze sols bous per arrame ; et pareille ley ne encourréran aü cas
coupin légne de ber au sailleyt, sauf que lousdits habitants poµyran
coupar chens encourrer lad. ley sabiü, aguillades, et hourcats
soulaments, et lous countrébénents seran constrets a pagar ladite
ley per peignère applicadoure à la bourse de la gouarde.

ART. 18. — Item. Es deffendut a aücun habitant d'extirpar
terres au loung deu salleyt chens permissiou deus sieurs jurats,
députats et communaütat ; a péne de quoatte francs, applicadours
à la bourse de la gouarde, et lous countrébénents contrets aü
pagament per peignère.

ART. 19. — Item. Es deffendut à touts lous habitants de s'ap-
proupriar terre lou loung deus camis ni passades bien que tals
passades ayen aü de-là de lour laryour accoustumade, d'aütant
que lous coings et estrembiades deusdits camis et passades appar-
tiennin à la communaütat ; et aussi lour es differendut d'ey foundar
pleix ni broussailles, à péne de quoatte francs applicadours a la
bourse de la gouarde, et constrets au pagament lous countrévé-

donnant pouvoir au marguillier d'aller saisir, s'il le faut, dans ce cas, les contrevenants

ART. 13. — *Item*. Il est défendu à tout habitant de faire des digues le long de la rivière du Gave ou des branches qui en dépen-dent, sous peine de quatre francs d'amende, à moins que ces digues n'aient pour objet de détourner le Gave de l'autre côté; auquel cas, cela leur sera permis, pourvu qu'ils ne démolissent pas ensuite ces mêmes digues. S'ils le font, ils payeront l'amende de quatre francs, applicables à la bourse de la garde, avec contrainte au paiement par saisie.

ART. 14. — *Item*. Il est défendu à tout habitant de loger au-delà d'une nuit des femmes de mauvaise vie ou des larrons, sous peine de quatre francs applicables à la bourse de la garde, avec contrainte par saisie.

ART. 15. — *Item*. Si quelque habitant ne veut point accepter les fonctions de garde, il sera puni selon l'appréciation de la Communauté.

ART. 16. — *Item*. Tous les habitants seront obligés de servir aux charges publiques, quand ils seront élus à cet effet par les sieurs Jurats, sous peine de deux francs d'amende et d'être punis, en outre, selon que le méritera leur désobéissance; ils répondront encore du paiement et de la réparation de tous les dépens et dommages-intérêts que la communauté aura eu à souffrir de leur rébellion et refus, le tout applicable à la bourse de la garde, avec contrainte au paiement par saisie-gagerie.

ART. 17. — *Item*. — Il est défendu à tout habitant de couper dans les herms (biens) communs, aucun chêne, chataîgner, chêne blanc, ni hêtre, soit en pied, soit en branches, à peine de quatre francs par pied, et de douze sols bons par branche, et pareille amende sera encourue par ceux qui couperont du bois d'aulne au saligua. Cependant les habitants pourront couper sans encourir d'amende des gaules, des aiguillades et des fourches seulement; les contrevenants seront contraints par saisie-gagerie au paiement de ces amendes, applicables à la bourse de la garde.

ART. 18. — *Item*. Il est défendu à tout habitant d'extraire de la terre du saligua, sans la permission des sieurs Jurats, députés et de la Communauté, sous peine de quatre francs, applicables à la bourse de la Garde avec contrainte au paiement par saisie en cas de contravention.

ART. 19. — *Item*. Il est défendu à tous les habitants de s'approprier

nents per peignére, et séguin la coustume las passades coumunes auran sept arrases de large, et lous camis publiqs aüran quatourze arrases aussi de large.

ART. 20. — Item. Aü cas aucun habitant proufèry aucune aüffensy countre aucun autre habitant durant lou temps que la Communaütat sera assemblade sera punit à counéchense deus sieurs jurats et députats ; et la caüse qui per lour sera judgeade sera exécutade per lou qui abera feyt l'auffense sus la péne de deux francs applicadours à la bourse de la gouarde, et constrets au pagament per peignère.

ART. 21. — Item. Aü cas enter lousd. habitants y aye brut ni riotte, abants aücune informatiou, prégaran au seignour ou au curè de far justicy sus lours différents, et nou réclamaran res de so qui per lour sera judgeat ou ourdounat, a péne de quoatte francs apdlicadours à la gleyse et aux praübes, et constrets aü pagament per peignére per lou marguillier.

ART. 22. — Item. Cheque annége, per lou més de noubembre, sera feyte la desbéde de la heüs de St Arradits, lou jour qui la Communaütat at abera restat, et nou despuix ni auparavant ; ni chaque habitant nou y poudera meter que un dailler soulament, ou, per aquet, deux ségadours, a péne aux contrevenents de quoatte francs et constrets au pagament per peignére.

ART. 23. — Item. Lous sieurs jurats et audidours de contes de gouarde, per chaque jour qui bacaran a la redditiou deus contes de lasd. gouardes, retiraran chacun jurat et audidou un francq, et las gouardes qui rendéran tal conte, miey francq chascun ; et aü cas en retiren dahantadye seran punits à quoatte francs et constrets per peignère au pagament dequets, applicadours à la bourse de la gouarde.

ART. 24. — Item. Au cas aucun habitant aye besouing de coupie de aucun deus presents artigles, lou jurat qui fara l'extreyt nou retirara que doutze ardits soulaments, et pareil salary retirara deus actes de cade cargue et descargue qui se faran sus lou libe terrien, et tal salary loudit jurat retirara per cade acte.

ART. 25. — Item. Au cas y aye aucun arbe sus las passades ou herms coumuns qui fasse doümatge à aucun habitant, aquet sera coupat à l'avis deus sieurs jurats et députats, et bendut, per lou bou prets dequet estar mettut à la bourse de la Gouarde per la liquidatiou deus ahas coumuns.

aucun terrain le long des chemins ou passages (petits chemins), alors même que ceux-ci auraient plus que la largeur accoutumée, d'autant que les coins et bordures des dits chemins et passages appartiennent à la Communauté; pareillement, il leur est défendu d'y planter des haies et des buissons, sous peine de quatre francs applicables à la bourse de la garde, avec contrainte au paiement par saisie à l'égard des contrevenants. Selon l'usage, les passages communs auront sept *arrases* (3 mèt. 22) de large, et les chemins publics quatorze (6 mètres 44).

ART. 20. — *Item*. S'il arrive que quelque habitant profère quelque parole blessante contre un autre habitant pendant que la Communauté sera assemblée, il sera puni selon l'appréciation des sieurs Jurats et députés; et ce qui aura été décidé par eux sera exécuté par l'auteur de l'offense, sous peine de deux francs, applicables à la bourse de la garde, avec contrainte au paiement par saisie.

ART. 21. — *Item*. S'il s'élève entre les habitants quelque bruit ou dispute, avant toute information, ils prieront le Seigneur ou le Curé de faire justice sur leurs différends sans réclamer en rien contre ce qui aura été jugé ou ordonné par eux, sous peine de quatre francs applicables à l'église et aux pauvres, avec contrainte au paiement par saisie par le ministère du marguillier.

ART. 22. — *Item*. Chaque année, au mois de Novembre, sera levé le défens (l'interdit) de la fougère de St-Arradits, le jour qui aura été fixé par la communauté et non depuis, ni avant; chaque habitant ne pourra y mettre qu'un faucheur avec la grande faux, ou deux faucheurs avec la faucille, sous peine pour les contrevenants de quatre francs applicables à la bourse de la garde, avec contrainte au paiement par saisie.

ART. 23. — *Item*. Les jurats et auditeurs des comptes de garde, pour chaque jour qu'ils vaqueront à la reddition desdits comptes, percevront chacun un franc, et les gardes qui rendront ces comptes un demi franc; s'ils retirent davantage, ils seront punis de quatre francs d'amende, applicables à la bourse de la garde, avec contrainte au paiement par saisie.

ART. 24. — *Item*. Si quelque habitant a besoin de la copie de quelqu'un des présents articles, le jurat qui la fera ne percevra que douze liards seulement, et pareil salaire sera perçu pour les actes de charge et de décharge qui se feront sur le livre terrier, douze liards pour chaque acte.

ART. 25. — *Item*. S'il y a, dans les passages (petits chemins) ou

ART. 26. — Item. Es estat restat que, séguien la coustume, chaque annége lous sieurs jurats coutizaran une taille sus touts lous habitants et terre-ténents ; per lous diners prouvenents dequere estar emplegats à pagar lou fiü annuel qne lad. Com^{tat} fè au seignou deu présent locq, pagar aussi lous intérêts deus deütes de lad. Com^{tat}, lous frès de la carrége deu Rey, lous gadges deu Régent, las réparatious deus ponts ; laquoalle taille faran, coum dites, tant sus lous habitants que estrangers et terre-tenents, en lous coustreigne au pagament per peignere coum per la taille deu Rey ; et au cas lousd. estrangers nou bouillen pagar à la troisième requisitiou qui lour sera feyte per la gouarde, lous habitants deu présent locq et aussy lou baquè ab l'arramat pouyran anar pèche et jaze en las terres deusd. estrangers après lou permer frut coueillut seguien la coustume deu présent locq ; et au cas paguin la taille, pouyran jouir de l'herbe de lours camps entro la feste de St Miqueü de septembre, coum lou restant deus habitants ; et deudit jour de St Miqueü entro Nouste-Dame de Mars, lasd. terres demouraran oübertes per lou pacadge deu public et deus particuliers ; et au cas d'interruptiou, lous interrompents seran perséguits à despens coumuns, ainsi que es accoustumat : bien enténut que lous habitants demouraran en lour dret d'empechar que las terres oun lous baquès nou an accoustumat d'anar en aucun temps duran toute l'annege, nou sien pacatgeades.

ART. 27. — Item. Chaque habitant lou plus capable sera obligat d'assistar a las proucissious au temps de las Rougatious, et tous lous jours de dimanche et festes qui s'en y pourtara, à péne de doutze ardits chacun, à mench abousse lou countrébénent légitime excuse au pagament de laquoalle ley seran coustrets per peignère per lou bayle à réquisitiou deu marguillier au cas per lou sieur curè et jurats lour sic mandat ; applicadoure à la gleyse.

ART. 28. — Item. Après que la gouarde abera peignerat aucun habitant per sa contrebentiou deusdits artigles, pouyra acoumandar lasd. peigneres au permer homy deu coumun qui bon lou semblera, auquoau, après qui las abera récébudes, es deffendut de remetter cabctaments aqueres au peignerat, ni lui s'en serbir non plus, à péne de quoatte francs, et respouner deu deutou ou ley per aquet sus louquoau tal peignere es estade feyte ; et sus mediche ley et péne aucun habitant nou pouyra refusar la coumande de lasd. peignéres, ni aussi refusar per far aquere à lad. gouarde au dans les nerms communs, quelque arbre qui fasse du tort à quelque habitant, il sera coupé sur l'avis des jurats et députés et vendu son bon prix, lequel sera versé dans la bourse de la garde, pour servir à la liquidation des affaires communes.

ART. 26. — *Item*. Il a été arrêté que, selon la coutume, chaque année les sieurs jurats établiront une taille proportionnelle sur tous les habitants et biens-tenants, et que les deniers qui en proviendront seront employés à payer le fief annuel que la communauté fait au seigneur du présent lieu, en outre les intérêts des dettes de la communauté, les frais des charrois du Roy, les gages du Régent, la réparation des ponts ; et cette taille (imposition) les sieurs jurats la feront, comme il a été dit, tant sur les habitants que sur les étrangers et biens-tenants, en les contraignant au payement par saisie comme pour la taille du Roi : si lesdits étrangers ne veulent pas payer à la troisième réquisition qui leur sera faite par la garde, les habitants du présent lieu et le vacher avec son troupeau pourront aller pacager et gîter sur les terres de ces étrangers après la cueillette du premier fruit, selon la coutume du présent lieu ; s'ils paient la taille, ils pourront jouir de l'herbe de leurs champs jusqu'à la fête de St Michel de septembre, comme le reste des habitants ; et depuis ledit jour de St Michel jusqu'à Notre-Dame de Mars, lesdites terres demeureront ouvertes pour le pacage du public et des particuliers ; si ce pacage est interrompu, les auteurs de l'interruption seront poursuivis aux dépens communs ainsi qu'il est accoutumé : bien entendu que les habitants demeureront dans leur droit d'empêcher le pacage dans les terres où les vachers n'ont point l'habitude d'aller en aucun temps de l'année.

ART. 27. — *Item*. Chaque habitant le plus capable sera tenu d'assister aux processions des Rogations et à toutes celles qui se feront les jours de dimanché et de fête, sous peine de douze liards pour chaque manquant, sauf excuse légitime ; le bayle pourra les contraindre par saisie au paiement de cette amende sur la réquisition du marguillier, quand ils en recevront l'ordre du sieur curé et des jurats ; l'amende applicable à l'église.

ART. 28. *Item*. Quand la garde aura pignoré quelque habitant pour délit de contravention aux dits articles, il pourra confier les saisies au premier homme de la communauté qu'il lui semblera bon, et il est défendu à celui-ci de remettre en cachette les objets pignorés à celui qui a été saisi, ni de s'en servir pour lui même, sous peine de quatre francs d'amende et de répondre de la dette ou amende qui est à la charge de celui qui a été pignoré. Sous pareille amende et peine, aucun habitant ne pourra refuser de

cas en sie réquesit; applicadours lous quoatte francs à la bourse
de la gouarde et constrets au pagament per peignére.

Art. 29. — Item. Es deffendut à aucun habitant d'affermar las
heüs ny sesque deu sailheyt de Lescar, chens permissiou de la
Com^{tat}, a péne de quoatte fraucs applicadours a la bourse de la
gouarde, et constrets au pagament per peignere; et au cas lous
habitants de lad. bille de Lescar bouloussen empechar de taillar
heüs ni sesque aux habitants deu présent locq d'Artiguelouve,
seran perseguits a despens coumuns, d'autant que chaque habitant a
dret de y daillar, seguien lous pariatges, coum apar en la houeille (?)
et artigle deusd. pariatges.

Art. 30. — Item. Es deffendut à aucun habitant de baillar re-
traite à aucun bestiar estranger, sens la permissiou deus sieurs
jurats et deputats au dela d'une noeyt, sus péne de quoatte francs
per chaque noeyt, applicadours à la bourse de la gouarde, et
constrets au pagament per peignere.

Art. 31. — Item. Seguien la coustume, lousd. habitants solen-
nisaran la heste lous dissaptes deu més de may coum lou jour deu
dimenche, et assistaran aux saints oüficis lous qui aberan coumo-
dilat, à péne d'une liüre mourlanne, à laquoalle seran coundamnats
lous qui y countrebiéneran ou tribaillaran en aucune obre ma-
nuelle, coum esten ainsi que lousd. habitants an despuch longtemps
heyt heste en pareils jours per pregar Diü per la conserbatiou deus
fruts de la terre. Et lad. ley, au cas de contrebentiou, sera applicade au luminari de la gleyse, et au pagament constrets per peignere per lou bayle a la réquisitiou deu marguillier, au cas ne sie
réquérit per lou sieur curé et jurats; aquestes pouyran baillar
permissiou en cas de nécessitat.

Art. 32. — Item. Es estat restat que chaque habitant sera obligat oustar de dessus lous arbes que chacun aura sus sa terre et
pleix deu sailheyt, au cas at beye, lous nids de pigues, et au cas
nou at hasse et en sie per aucun habitant réquérit, sera punit à
doutze ardits; et tals nids seran oustats de dessus lous arbes
deudit refusant à sous despens, laquoalle ley sera applicade aux
praübes deu locq, et constrets au pagament per peignere per la
gouarde; et lad. ley es estade metude per esbitar lous notables
doümatges que las pigues fen sus lou locq à toute sorte de frut.

Art. 33. — Item. Despux lou permer de septembre de chaque
annége chaque habitant qui aura càas en sa maysou, sera obligat

garder les objets saisis, ni de les rendre à la garde quand il en sera requis; les quatre francs ci-dessus applicables à la bourse de la garde avec contrainte au paiement par saisie.

ART. 29. — *Item*. Il est défendu à tout habitant d'affermer les fougères et les glaïeuls (1) du saligua de Lescar, sans la permission de la communauté, sous peine de quatre francs d'amende applicables à la bourse de la garde, avec contrainte au paiement par saisie ; et si les habitants de la ville de Lescar voulaient empêcher les habitants du présent lieu d'Artiguelouve de couper de la fougère ou glaïeul dans la dite saligue, ils seront poursuivis aux frais de la communauté, attendu que chaque habitant a le droit de faucher audit lieu, selon les anciens paréages (2), ainsi qu'il appert de la feuille N. et de l'article N. desdits paréages.

ART. 30. — *Item*. Il est défendu à tout habitant de donner asile au-delà d'une nuit à aucun bétail étranger sans la permission des sieurs Jurats et députés, sous peine de quatre francs d'amende pour chaque nuit, applicables à la bourse de la garde, avec contrainte au paiement par saisie.

ART. 31. — *Item*. Selon la coutume, les habitants feront fête les samedis du mois de mai comme le jour du Dimanche, et ils assisteront aux Saints Offices, tous ceux du moins qui le pourront commodément, sous peine d'une livre morlanne, à laquelle seront condamnés ceux qui contreviendront au présent article ou qui feront en ces jours quelque travail manuel, attendu que c'est depuis longtemps que lesdits habitants du présent lieu ont ainsi fait fête en pareils jours afin de prier Dieu pour la conservation des fruits de la terre. En cas de contravention, la susdite amende sera appliquée au luminaire de l'Eglise, et les contrevenants seront contraints au paiement par saisie par le ministère du bayle, sur la réquisition du marguillier, quand celui-ci en recevra l'ordre du sieur curé et jurats : on pourra néanmoins donner permission de travailler en cas de nécessité.

ART. 32. — *Item*. Il a été arrêté que chaque habitant sera obligé d'enlever les nids de pies de dessus les arbres que chacun aura sur sa terre ou encore de dessus les haies du saligua, s'il en aperçoit quelqu'un ; s'il ne le fait pas et qu'il en soit requis par quelque habitant, il sera puni de douze liards d'amende, et ces sortes de nids seront ôtés de dessus les arbres du récalcitrant à ses dépens ;

(1) Herbe haute et large qui croît dans les marécages et sert à faire les sièges des chaises.
(2) Terme de jurisp. féodale. — Droit égal que deux seigneurs avaient par indivis dans une même terre.

aquets tenir estacats noeyt et jour, ou sinou, lous far à chacun
une barre de cinq pamps de long et aquere lous estacar au coïgt
per empechar lous notables doümatges qui se fen en las bignes
deu présent locq ; et au cas y aye aucun habitant nou fasse l'un ou
l'aüte per esvitar tals doümatges, sera punit à dux francs, et la
gouarde pouyra tuar ou far tuar lous càas deus refusants, a la part
oun lous troubara, au cas nou ayen barre au coïgt ou nou sien
estacats ; et la ley applicadoure à la boürse de la gouarde et constrets au pagament per peignere.

ART. 34. — Item. Chaque habitant sera obligat, despux la
maysou de Mulez et de Casanabe au debaigt entro Couralet, fermar
las terres lou loung deus camis, et lou loung deu sailheyt, à caüse
qué lou baquè public en passan nou poudéré, si èren oübertes,
s'empechar de y far doümatge, et au cas nou at fassen, seran pribats
deu doümatge que lou bestiar de l'arramat y pouyra far et nou
pouyran aquet demandar.

ART. 35. — Item. D'autant que lad. communaütat a abut de tout
temps dret de anar dap lous porcs à la Barthe deu seignou per
apechar entro lou jour de St-Miqueü de septembre, et es estat
rappourtat que la plus grane part deus habitants en empourtaben
l'aglan, et abatten lous cassous, à que fassen grand doümatge,
qui, en aquero fasen, pribaben lous porcs deu pastour public deu
pacatge, et afin d'esbitar un tal desourdy, es estat restat que, au
cas aucun habitant, en persoune ou per sous domestiques, amassa-
ben aglan a ladite Barthe ny abatten cassous ni segoutin, seran
punits à un franc, dus sols bous la permére begade, et per amassar,
dus sols bous ; et toutes las aütes begades qui seran attrapats, en
doublan ; lad. ley applicadoure à la bourse de la gouarde, et constrets au pagament per peignere ; et passat lou jour de St-Miqueü,
s'en encourrera la ley de doutze ardits, coum es acoustumat ci-
dabant, contre aquets qui seran attrapats, sie à amassar aglans ou
segouty ou abatte cassous, toutes las begades qui faran lou coun-
trary ; applicadours (lous doutze ardits) au persounatge qui lous
aüra peignerats et attrapats.

ART. 36. — Item. D'autant que per lous susd. artigles es pourtat
que lous countrebénents à las caüses en aquets contiengudes seran
peignerats per lou bayle et la gouarde, et afin de discutar tals
peignéres qui pouyran estar feytes tant per ladite ley que per lou
recouvrement de las tailles deu locq et deu Rey ; es estat restat et

l'amende susdite sera appliquée aux pauvres du lieu, avec contrainte au paiement par saisie par le ministère de la garde. La susdite loi a été établie pour éviter les notables dommages que font les pies dans le présent lieu à toutes sortes de fruits.

ART. 33. -- *Item*. Depuis le 1er septembre de chaque année, tout habitant qui aura des chiens dans sa maison, sera obligé de les tenir attachés nuit et jour; ou bien de leur faire à chacun une barre de cinq empans de long et de la leur attacher au cou; le tout afin d'empêcher les notables dommages que lesdits chiens font dans les vignes du présent lieu et si quelque habitant ne fait ni l'un ni l'autre pour prévenir de tels dommages, il sera puni de deux francs d'amende, et la garde pourra tuer ou faire tuer les chiens des récalcitrants, quelque part qu'elle les trouve sans barre au cou ou sans être attachés; l'amende applicable à la bourse de la garde avec contrainte au paiement par saisie.

ART. 34. — *Item*. Chaque habitant sera obligé, depuis la maison de Mulèz et de Casanabe au dessous jusqu'à Couralet, de fermer ses terres le long des chemins et le long de la saligue, parce que, si elles restaient ouvertes, le vacher public, en passant, ne pourrait s'empêcher d'y faire dommage. Si les habitants riverains ne font point ces fermetures, ils ne seront point indemnisés du dommage que le bétail du troupeau aura pu leur faire, et ils ne pourront même rien réclamer.

ART. 35. — *Item*. La communauté ayant eu de tout temps le droit de mener paître les cochons dans la Barthe (bois de chênes à haute futaie) du seigneur jusqu'au jour de St-Michel de septembre (1), il a été rapporté que la plus grande partie des habitants emportaient le gland, après l'avoir abattu des chênes; en quoi ils faisaient un grand dommage, puisqu'ils privaient de leur pâture les cochons du pasteur public : afin d'empêcher ce désordre, il a été arrêté, que si quelque habitant, par lui-même ou par ses domestiques, ramasse du gland dans ladite Barthe, abat ou secoue les chênes pour le faire tomber, il sera puni de un franc et deux sols bons pour la première fois, et de deux sols bons pour le fait d'en ramasser seulement; cette amende sera doublée chaque fois qu'ils seront surpris de nouveau en contravention et appliquée à la bourse de la garde avec contrainte au paiement par pignoration : Passé le jour de St-Michel, l'amende ne sera plus que de douze liards, selon ce qui était ci-devant en usage, à l'encontre de ceux qui seront

(1) Il est probable que la copie ci-contre du texte original contient une omission ou une erreur; au lieu de St-Michel de septembre, c'est St-Michel de mai qu'il aurait fallu dire.

délibérat, seguien l'ancienne coustume et per esvitar fraix, que aqueres seran feytes per ladite gouarde et assignats lous peignerats à se beder incantar aqueres à la permere assemblade per dabant lous sieurs jurats et communaütat, per dabant lousquals lad. gouarde exprimara en quines sommes lui es créancière sur lad. peignere, en lad. qualitad de gouarde, et advérera aqueres moyennant sérament per dabant lous sieurs jurats, lousquals rétiénéran acte de la declaration de lad. gouarde, et exprimaran per aquets la somme prétendude sus lad. peignere, que aussy las espèces peignerades, et ordonnaran à la gouarde que sus aqueres luy empourtara las sommes à luy dégudes per lou peignerat, auquoal baillaran termi de se rachetar lasd. peigneres tres semmanes soulament, en pagant las sommes dégudes à lad. gouarde, et lou salary de l'acte et tous lous fraix frayats qui seran reglats per lous sieurs jurats ; passat louquaal termi la gouarde pouyra vender ou alienar las caüses peignerades à qui bou lou semblera, et lou peignerat nou sera en dret de demandar aqueres ; ainsy demouraran acquises à lad. gouarde ou aux qui aqueres aberan croumpat de sas mas.

ART. 37. — Item. Dens lou temps que la Communaütat sera assemblade per parlar et prender quauque délibératiou sus lous hahas qui regarderan la Communaütat, lous habitants se reserben de pouder diser lour avis chascun dap toute libertad, et prétendin que aücun deus habitants qui assisteran à lasd. assemblades nou pouderan descroubi ni accusar las causes qui y seran estades arrestades, ni lous abis que chascun assistant abera dat dens lousdits ahas, et au cas s'en y trobie aucun qui sie counbencut per deux témoins inréprochables sera punit per la permère bégade à deux francs bourdalés, et per la seconde, à quoate francs bourdalés et per la troisième bégade, sera bannit deu Coumun.

Bien entendut que lousd. habitants nou pouderan esta condamnats à lad. péne que per lous ahas soulaments sur lousquals la Communaütat lous abè recoumandat lou secret ; applicadoures lasd. leys à la bourse de la gouarde et constrets au pagament per peignère.

FI DEUS ARTIGLES.

Sappien touts présens et à venir que, en conséquence de lad. délibération feyte communaments et mutuellements lou jour

surpris, et pour chaque fois qu'ils seront surpris, à ramasser du gland, ou à secouer ou abattre les chênes ; les douze liards sont applicables à celui qui les aura saisis et attrapés.

ART. 36. *Item.* Comme il est porté dans les articles ci-dessus que tous ceux qui contreviendront aux dispositions qu'ils contiennent seront pignorés par le bayle et la garde ; afin de décider la question de ces pignorations ou saisies qui pourront être faites tant en vertu desdits articles que pour le recouvrement des tailles du lieu et du Roi ; il a été arrêté et délibéré, selon l'ancienne coutume, et pour éviter des frais, que ces pignorations seront faites par la garde, et que les pignorés seront assignés pour s'entendre publier les objets saisis, à la première assemblée, par devant les jurats et la communauté : dans cette assemblée, la garde fera connaître de quelles sommes elle est créancière en sa qualité de garde, sur lesdites pignorations ; elle les certifiera par serment en présence des sieurs jurats, qui retiendront acte de la déclaration de la garde, proclameront la somme qu'elle doit prendre sur les pignorations comme aussi la nature des objets pignorés, et ordonneront que la garde retiendra, sur la valeur des objets saisis, les sommes qui lui sont dues par le pignoré, auquel on donnera un terme pour racheter les objets pignorés, à savoir : trois semaines seulement, pourvu qu'il paye les sommes dues à la garde, le prix de l'acte et tous les frais qui seront réglés par les sieurs jurats : passé le susdit terme, la garde pourra vendre ou aliéner les objets pignorés à qui bon lui semblera, et le pignoré ne sera plus en droit de les réclamer, mais ils demeureront acquis à ladite garde ou à ceux qui les auront achetés de ses mains.

ART. 37. — *Item.* Dans le temps que la Communauté sera assemblée pour parler et prendre quelque délibération sur les affaires qui l'intéressent, les habitants se réservent de pouvoir dire leur avis chacun en toute liberté ; mais ils veulent qu'aucun de ceux qui assisteront aux dites assemblées ne puisse ni découvrir ni accuser les choses qui y auront été arrêtées, non plus que les avis que chacun aura pu donner sur les affaires ; et dans le cas où il se trouverait quelqu'un qui seront convaincu de cette indiscrétion par deux témoins irréprochables, il sera puni la première fois de deux francs bordelais ; la seconde, de quatre francs bordelais, et la troisième fois, banni de la Communauté (1) :

Bien entendu que les habitants ne pourront être condamnés à la susdite peine que pour les affaires seulement sur lesquelles la

(1) Ce bannissement consistait en ce qu'il n'aurait plus aucun droit d'assister aux Assemblées.

permer de juillet *1679*, lousd. trente et sept articles ci-dessus escriüts soun estats leguts de mout à mout, à haüte et intelligible bouts, et esten ensemble en la maysou coumune deu présent loc assemblats et congregats au man et assignatiou de Henricq de Minvielle et Arnaüd de Castagnous, gouardes ; lous sieurs Laurent de Barrailh, Pierre de Salaberthe, Jean de Faubeau, et Bernard de Candaü, jurats ; Pierre de Tisnés dit Couralet, Arnaüd de Larriü, Jean de Palu, députats ;

Et lous noumats :

Jean de Baquè dit Campaigne ; Jean de Hourcade ; Louis de Pourtaü dit Hustè Bernard de Pourtaü ; Bernard de Herrère ; Jean de Junqua ; Michel de Barat ; Jouandirou de Touya dit Lapeyre ; Jean de Sourbé ; David de Couralet ; Pierre de Puyoü ; Jean de Puyoü dit Diüzeyde ; Jean de Labourdette ; Jean de Laügar dit Borié ; Pierre de Guicharnaüd dit Barbé ; Pierre de Loupien dit Penaülé ; Jean de Larreüle ; Bernard de Malaüssanne ; Arnaud de Restiü ; Bernard de Larrouy dit Lacoustette ; Francés de Herran dit Cambot ; Bertrand de Guicharnaud dit Capdevielle ; Jean de Laspret dit Bahette ; Pierre de Salaberthe dit Quérut ; Jean de Louraü ; Raymond de Suberbielle dit Mirassou ; Bernard de Camy ; Jean de Ducos dit Mialou ; Jean de Pucheu dit Laplace ; Pierre de Lamazade ; Pierre de Labarthe dit Mulez ; Arnaud de Marque ; Bernard de Labarthe ; Jean de Paluat dit Cabanne ; Jean de Cinquaü ; Jean de Haget ; Pierre de Pourrut ; Jean de Heugas ; Pès de Buffalet ; Pierre de Loupien dit Moutoussé ; Arnaüd de Lassaüque ; Jean de Laheste dit Pucheü ; Berthoumiü de Guilhou; Chicoy de Hoü dit Lacoste ; Bernard de Pouzacq ; Pierre de la Bégorre dit Mondet ; Pierre de Barrail dit Coudelonguet ; Manaüd de Lansolles de Mourthè ; Jean de Serra.

Et lous noumats :

Jeanchicoy de Haget, habitant au Badeigt, Jean de Pontacq, habitant à Lourtiguet ; Daniel de Laspret, habitant à Sagettes, bourriès aquestes en las maysous ci-dessus exprimades.

Et lous noumats : Daniel deu Chrestiaà ; Bernard de Lapassade dit Boutille ; Pierre de Ménét.

Lasdites coustumes cy-dessus exprimades son estades approubades per lous susdits rubriquats d'une commune bouts et siens oppositious ; et an proumettut et per lou présent se soun obligats,

Communauté leur avait recommandé le secret; les dites amendes applicables à la bourse de la garde avec contrainte au paiement pour pignoration.

FIN DES ARTICLES

Sachent tous présents et à venir que, en conséquence de la délibération faite d'un commun et mutuel accord le présent jour, 1er juillet 1679, les trente sept articles ci-dessus écrits ont été lus mot à mot, à haute et intelligible voix, étant ensemble réunis et assemblés en la maison commune, par l'ordre et assignation de : Henri de Minvielle et Arnaud de Castaignous, gardes;

Les sieurs Laurent de Barrailh, Pierre de Salaberthe, Jean de Faubeau et Bernard de Candau, jurats; — Pierre de Tisner dit Couralet, Arnaud de Larriü, Jean de Palu, députés;

Et les nommés :

Jean de Baquè dit Campaigne; Jean de Hourcade; Louis de Pourtau dit Husté; Bernard de Pourtau; Bernard de Herrère; Jean de Junqua; Michel de Barat; Jouandirou de Touyàa dit Lapeyre; Jean de Sourbé; David de Couralet; Pierre de Puyoü; Jean de Puyoü dit Dieuzeyde; Jean de Labourdette; Jean de Laugàa dit Borié; Pierre de Guicharnaud dit Barbé; Pierre de Loupien dit Pénaulé; Jean de Larreüle; Bernard de Malaussanne; Arnaud de Restiü; Bernard de Larrouy dit Lacoustette; François de Herran dit Cambot; Bertrand de Guicharnaud dit Capdevielle; Jean de Laspret dit Bahette; Pierre de Salaberthe dit Quérut; Jean de Lourau; Raymond de Suberbielle dit Mirassou; Bernard de Camy; Jean de Ducos dit Mialou; Jean de Pucheu dit Laplace; Pierre de Lamazade; Pierre Labarthe dit Mulez; Arnaud de Marque; Bernard de Labarthe; Jean de Paluat dit Cabane; Jean de Cinquaü; Jean de Haget; Pierre de Pourrut; Jean de Heugas; Pès de Buffalet; Pierre de Loupien dit Montoussé; Arnaud de Lassauque; Jean de Laheste dit Pucheu; Barthélemy de Guilhou; Chicoy de Hoü dit Lacoste; Bernard de Pouzacq; Pierre de Labégorre dit Mondet; Pierre de Barrailh dit Coudelonguet; Manaud de Lausolles de Mourthé; Jean de Serra;

Et les nommés :

Jeanchicoy de Haget, habitant au Badeigt; Jean de Pontacq, habitant à Lourtiguet; Daniel de Laspret, habitant à Sagettes, métayers dans les maisons ci-dessus nommées;

Et les nommés : Daniel de Chrestiàa; Bernard de Lapassade dit Boutille; Pierre de Ménèt.

Les coutumes ci-dessus exprimées ont été approuvées par les

tant per lour que per lours hers et successours, lou contengut en lousd. trente et sept articles ; observar de punt en punt et en rés nou countrevenir ni reclamar, chacun ainsy que lous toque, pot touquar et appartenir ; à péne de respouner de touts doumatges et intérêts, lousquals seran perséguits à despens communs ; et per ço far. lousd. habitants cy-dessus rubriquats ; tant en commun que en particular, chacun en sa qualitad qu'y es prés que obligen, etc. sousmetten, etc. constituon, etc. renoncion, etc. juron, etc.

Feyt aud. locq d'Artiguelouve, loudit jour, permer de Julhet, mille sieix cents septante-naü. Présents et témoins : Enricq deu Cinquaü, Pierre de Lacabanne, d'Artiguelouve, et my, Jean de Faubeau, jurat deud. locq, qui, en l'absence deu noutary, etc.

Signat ab lous qui an sabut signar, nou lous autes per nou saber, interpellats d'aquero far per my dit jurat.

Signats à l'original :

De Barrailh, jurat et habitant ; de Baquè, habitant ; de Pourtaü ; de Tisner, députat ; de Guicharnaud ; Loupient ; de Loupiens, de Puyoü ; de Lapassade, habitant ; de Serra ; de Barrailh, habitant ; de Labarthe, habitant ; de Pucheu, habitant ; deu Cinquaü, présent ; Labarthe, habitant ; de Pucheu, habitant ; de Castaing ; de Sourbé ; de Suberbielle, habitant ; de Lamarque ; de Faget ; de Boutille, présent ; de Lacabanne, présent ; de Herrère, habitant ; et Faubeau, jurat.

susdits habitants d'une commune voix et sans opposition ; et lesdits habitants ont promis, et par les présentes se sont obligés, tant pour eux que pour leurs héritiers et successeurs, d'observer de point en point tout ce qui est contenu dans les trente-sept articles ci-dessus, de n'y contrevenir ni réclamer en rien, de quelque manière que ces articles touchent, puissent toucher ou concerner chacun d'eux ; sous peine de répondre de tous dommages et intérêts qui seront poursuivis aux frais communs ; et pour ce faire, les habitants ci-dessus désignés, tant en commun qu'en particulier, chacun en la qualité où il est pris, obligent, etc., soumettent, etc., constituent, etc., renoncent, etc., jurent, etc...

Fait aud. lieu d'Artiguelouve ledit jour 1er de Juillet, mil six cent soixante-dix-neuf. Présents et témoins : Henri de Cinquaü, Pierre de Lacabanne, d'Artiguelouve, et moi, Jean de Faubeau, jurat dudit lieu, qui, en l'absence du notaire, etc. (ai rédigé les présents Règlements).

Signé avec ceux qui ont su signer, non les autres pour ne savoir, de ce par nous, dit juré, interpellés.

Signés à l'original :

De Barrailh, jurat et habitant; de Bacqué, habitant; de Pourtau; de Tisner, deputat; de Guicharnaud; de Loupien; de Puyoü ; de Lapassade, habitant; de Labarthe, habitant; de Cinquaü, présent; Labarthe, habitant; de Pucheu, habitant; de Castaing; de Sourbé ; de Suberbielle, habitant; de Lamarque; de Haget; de Boutille, présent; de Lacabane, présent; de Herrère, habitant; et Faubeau, jurat.

Nota. — Le texte qui suit est en français seulement dans la copie que nous venons de reproduire.

Collationné sur l'original qui m'a été présenté par Jean de Palu, premier jurat d'Artiguelouve, et, correction faite, le présent s'est trouvé conforme au dit original, qui a été à l'instant retiré par ledit de Palu, et il a été procédé au présent vidimé après dix heures du matin, dans l'étude de moi, Nicolas Laffite, notaire public de la présente ville, en conséquence de l'assignation donnée le jour d'hier à maître de Marc, procureur de Jean Candau dudit lieu d'Artiguelouve, et en leur contumace ; laquelle susdite assignation, signée de Basoigne, huissier, dûment contrôlée, le même Palu a aussi retirée et signée avec moi dit notaire.

Fait à Pau, le 12 mai 1739.

Approuvant les mots mis par interligne aux pages treize et quinze : Laheste ; à chacun de racheter lesd. peigneires. Signés sur l'original : Palu. jurat ; Lafitte, notaire.

Scellé et con¹⁴ à Pau, le 13 mai 1739,

Reçu dix-huit sols ; signé sur l'original : Barret.

FIN

Comme supplément aux règlements ci-dessus, nous transcrivons *mot à mot* un acte de police de la même communauté d'Artigue-louve, du 29 novembre 1761, relatif à la nomination du porcher et du chevrier du hameau, — voir les articles 7 et 8 qui s'y réfèrent.

L'écriture est de très belle main, et si le style et l'ortographe laissent à désirer. on voudra bien le pardonner au tabellion local qui n'était le plus souvent qu'un simple paysan, jurat, député ou autre. Voici cette pièce, à laquelle nous laissons toute son originalité :

« L'an mille sept cent soixante-un et le vingt et neuf novembre, s'est présenté en la maison commune Pierre Goua, ancien pasteur, et Jean Courréges, sa caution ; c'est obligé led. Goua de garder les couchons et chèvres de la carrère de haut (du hameau) pour l'année prochaine, qui commencra le jour de St-André, et finira en pareil jour en mille sept cent soixante deux : Il est à scavoir que le convenu est entre la communauté et led. Goua qu'il gardera les couchons à une mesure de millocq chacun, et les chèvres à un boisseau plein par tette. Led. Goua est obligé de fournir un pasteur pour les couchons, et un autre pour les chèvres ; il est de même obligé de fournir un bouc pour les troupeaux des chèvres parmi la saison, et est de même obligé de prendre tous les matins les troupeaux à la Croix de Haget et de les y rendre les soirs ; il est de même obligé de sonner avec leur cornette tous les matins en allant prendre les troupeaux. Led. Goua soblige dexécuter de point en point tout ce dessus, faute de ce, seront punis à la connaissance des Jurats et députés, et de suite seront pignorés par le garde ; de même que les jurats et députéz sont tenus de faire payer aux habitants, comme il est expliqué cy-dessus, aud. Goua ; et il suffira que led. Goua rende les couchons devant Boutilhe, et s'il y manque quelques bestiaux, un chacun sera obligé de le réclamer le soir aud. Goua : du présent a été fait double celui-cy pour la Communauté, et signé : Goua. »

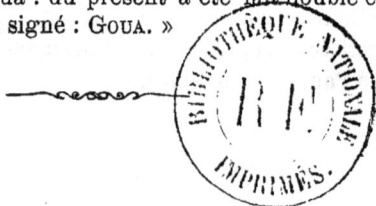

www.ingramcontent.com/pod-product-compliance
Lightning Source LLC
Chambersburg PA
CBHW060518210326
41520CB00015B/4235